국어야 놀자

둘

국어야 놀자

둘

새롬이네 집입니다

정원

현관

대문

꽃밭

★ 아래 글칸에 예쁘게 따라 쓰세요.

대	문

정	원

꽃	밭

현	관

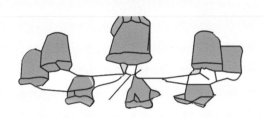

거실

커텐

텔레비전

소파

★ 아래 글칸에 예쁘게 따라 쓰세요.

거	실

소	파

텔	레	비	전

커	텐

새롬이네 가족입니다

⭐ 아래 글칸에 예쁘게 따라 써 보세요.

할아버지

할머니

아버지

어머니

언니

오빠

동생

나

★ 알맞은 그림과 선으로 연결하고 빈칸에 따라 써 보세요.

어	머	니

아	버	지

할	아	버	지

할	머	니

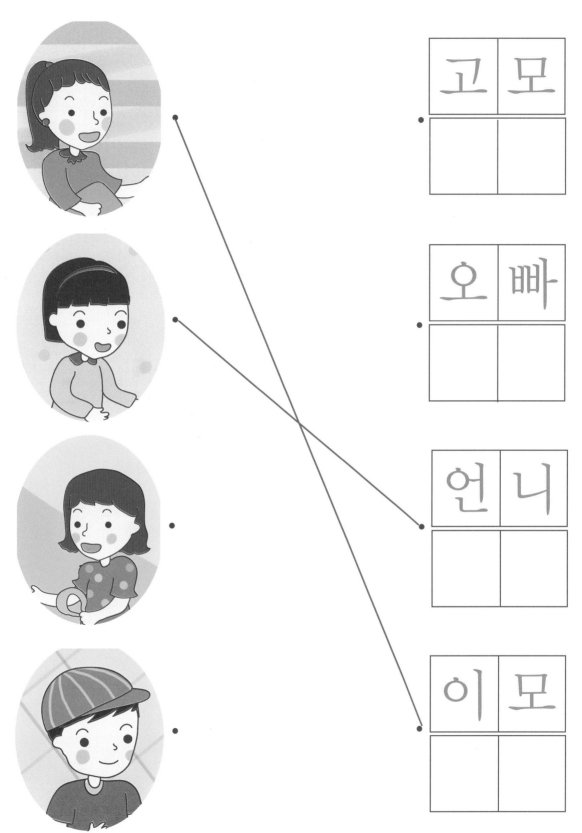

★ 그림과 글을 서로 맞게 선으로 연결하세요.

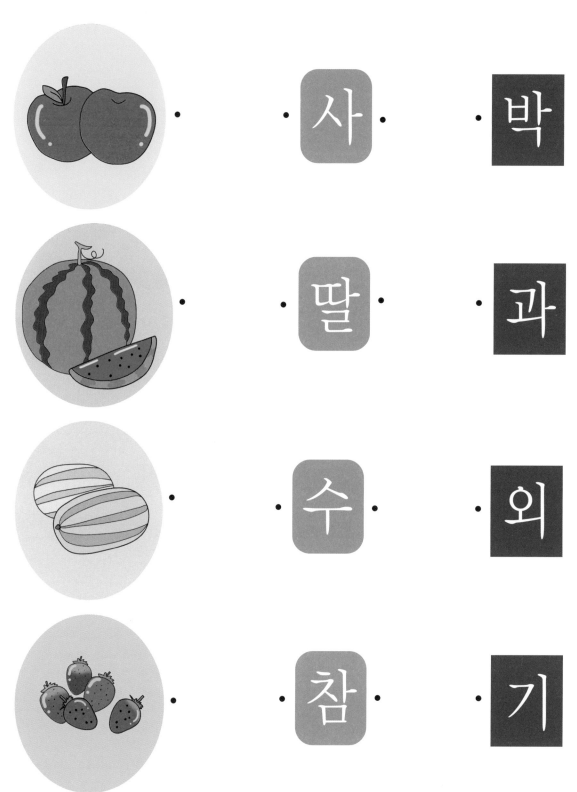

사 · · 박

딸 · · 과

수 · · 외

참 · · 기

☆그림과 낱말이 다른 것을 찾아 보세요.

호박   감   딸기   고추

★그림과 맞게 선으로 연결하고 예쁘게 따라 써 보세요.

가 방

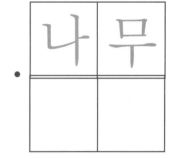

나 무

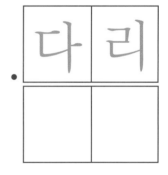

다 리

라 면

⭐ 그림과 맞게 선으로 연결하고 예쁘게 따라 써 보세요.

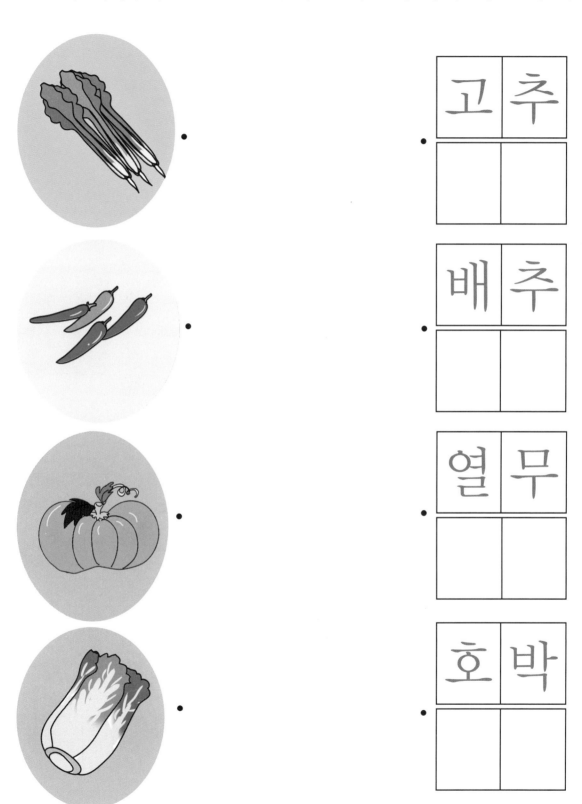

고	추

배	추

열	무

호	박

★ 빈칸에 알맞은 낱자를 쓰고 서로 연결하세요.

★ 그림을 보고 알맞은 글자를 보기에서 찾아 써 넣으세요.

| 보기 | 마 | 필 | 실 |

연
통

거
내
화

★ 아래 글칸에 예쁘게 따라 쓰세요.

아 침

낮

저 녁

밤

봄

여름

가을

겨울

⭐ 그림과 낱말이 맞게 선으로 연결하고 예쁘게 따라 써 보세요.

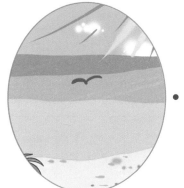

여	름

가	을

겨	울

봄	

날씨를 알아봐요

⭐ 아래 글칸에 예쁘게 따라 쓰세요.

춥	다

덥	다

시	원	하	다

따	뜻	하	다

맑다

흐리다

비가 온다

눈이 온다

★ 알맞은 그림과 선으로 연결하고 빈칸에 따라 써 보세요.

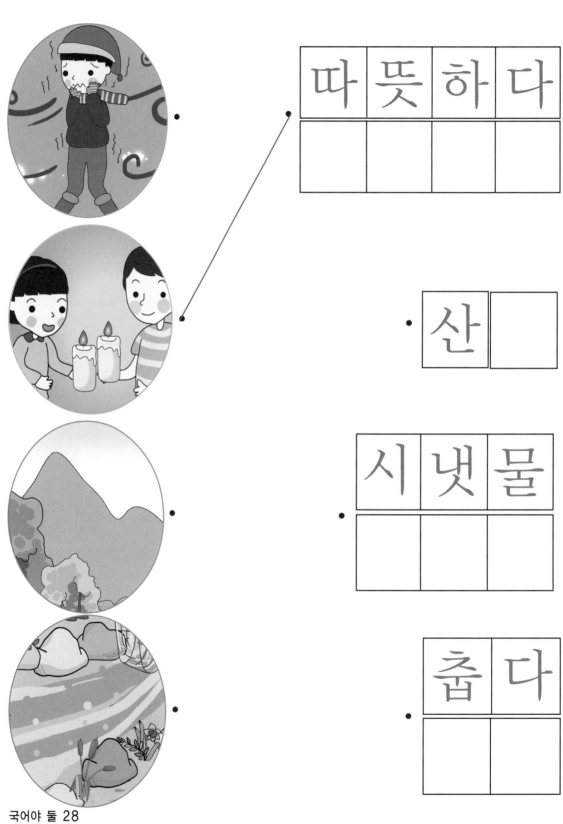

따	뜻	하	다

산	

시	냇	물

춥	다

흐	리	다

농	부

맑	다

구	름

⭐ 가, 나, 다, 라를 따라 쓰고 아래에 알맞은 글자를 써 넣으세요.

가	가	가	가	가	가
나	나	나	나	나	나
다	다	다	다	다	다
라	라	라	라	라	라

ㅁ + ㅏ = 가

우 + ㅁ = 위

⭐ 글자에 받침을 더하여 새로운 글자를 만들어 보세요.

보기

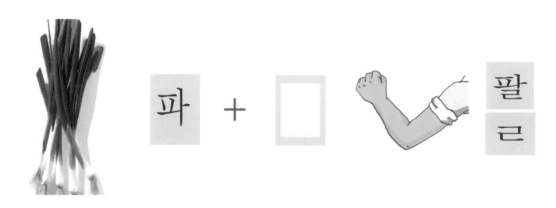

원숭이

악어

오리

물개

⭐ 알맞은 그림과 선으로 연결하고 빈칸에 따라 써 보세요.

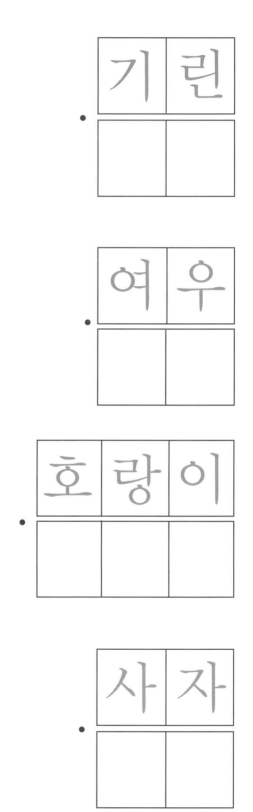

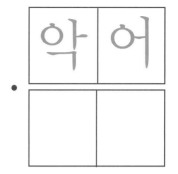

악	어

물	개

원	숭	이

오	리

형들이 운동을 해요

축구

야구

농구

배구

줄 넘 기

달 리 기

숨 박 꼭 질

비 사 치 기

37

⭐ 알맞은 그림과 선으로 연결하고 빈칸에 따라 써 보세요.

발을 들고 줄을 넘겨요.

달리기를 해요.

술래는 숨어 있는 사람을
찾아요.

말(돌)을 던져 앞에 있는
말을 밀어 내요.

숨	박	꼭	질

비	사	치	기

달	리	기

줄	넘	기

공을 발로 차요.

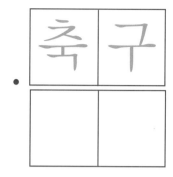

축	구

공을 골대 속에 던져 넣어요.

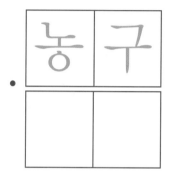

농	구

타자가 공을 치려고 해요.

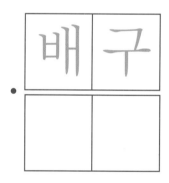

배	구

네트를 놓고 양쪽에서
공을 넘겨요.

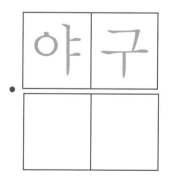

야	구

★ 그림과 맞게 선으로 연결하고 예쁘게 따라 써 보세요.

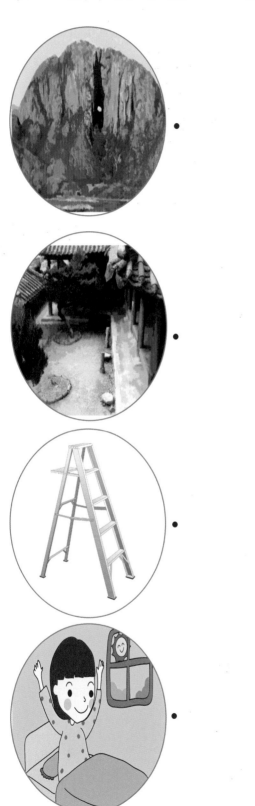

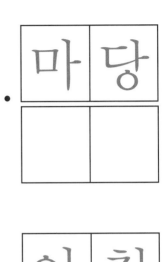

마	당

아	침

바	위

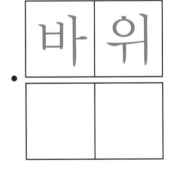

사	다	리

☆ 마, 바, 사, 아를 따라쓰고 아래에 알맞은 낱자를 써 넣으세요.

마	마	마	마	마	마

바	바	바	바	바	바

사	사	사	사	사	사

아	아	아	아	아	아

□ + ㅏ = 마

ㅊ + □ = 차

무겁다 ↔ 가볍다

작다 ↔ 크다

가다 ↔

오다

오른쪽 ↔

왼쪽

★ 알맞은 그림과 선으로 연결하고 빈칸에 따라 써 보세요.

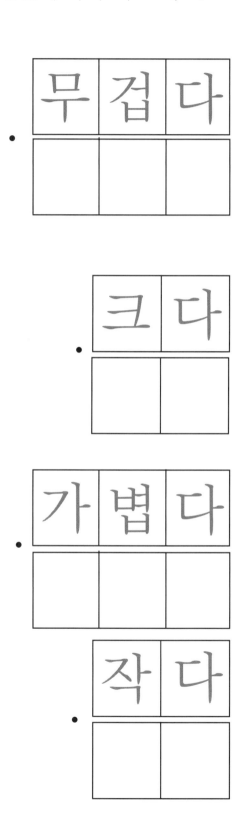

★ 알맞은 그림과 선으로 연결하고 빈칸에 따라 써 보세요.

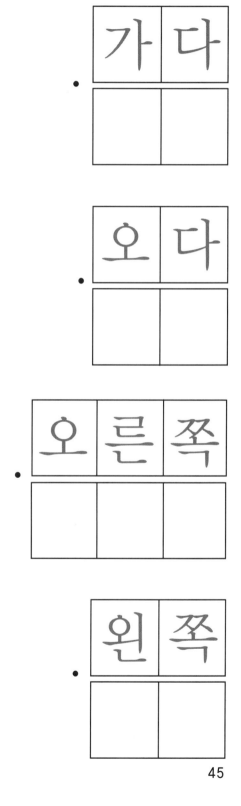

⭐ 글자에 받침을 더하여 새로운 글자를 만들어 보세요.

보기

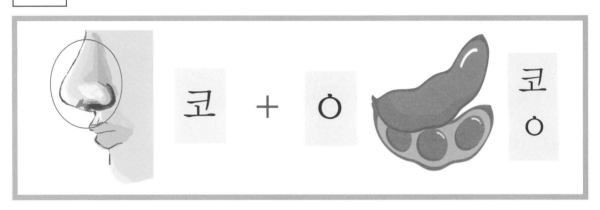

코 + ㅇ → 코ㅇ

자 + □ → 자ㅁ

차 + □ → 차ㅇ

그림과 낱말이 다른 것을 찾아 보세요.

오이　　가지　　고추　　배추

시간을 배워요

3	시

6	시

9	시

12	시

2	시	반

4	시	반

7	시	30	분

8	시	30	분

★ 알맞은 그림을 선으로 연결하고 빈칸에 따라 써 보세요.

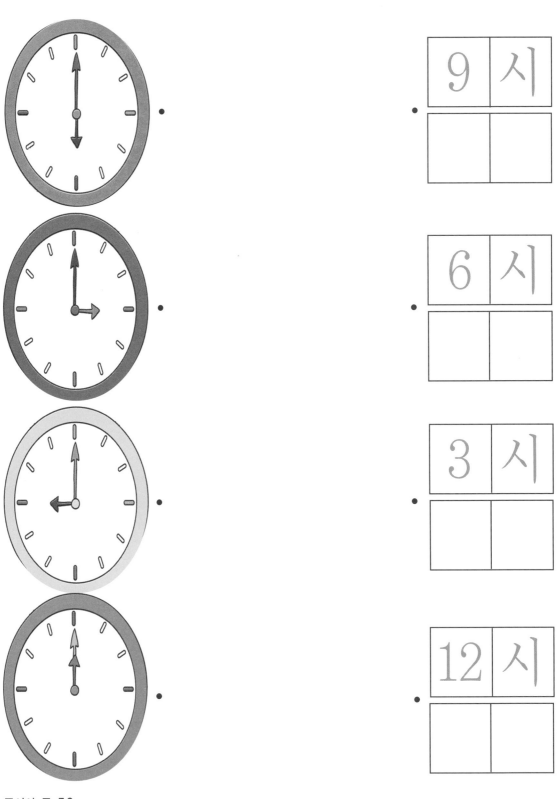

9	시

6	시

3	시

12	시

3	시	반

2	시	30	분

8	시	30	분

7	시	반

물건은 어떻게 세나요

한	개

세	개

다	섯	개

일	곱	개

사람은 이렇게 세요

두	명

네	명

다	섯	명

일	곱	명

★ 자, 차, 카, 타를 따라쓰고 아래에 알맞은 글자를 써 넣으세요.

자	자	자	자	자	자

차	차	차	차	차	차

카	카	카	카	카	카

타	타	타	타	타	타

ㅈ + ㅏ = 자

ㅁ + ㅜ = 루

★ 알맞게 선으로 연결하고 빈칸에 따라 써 보세요.

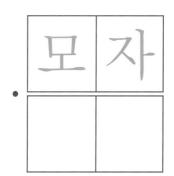

모 자

두 부

거 미

노 루

★ 보기에서 알맞은 글자를 찾아 빈칸에 넣으세요.

보기	구	미	두

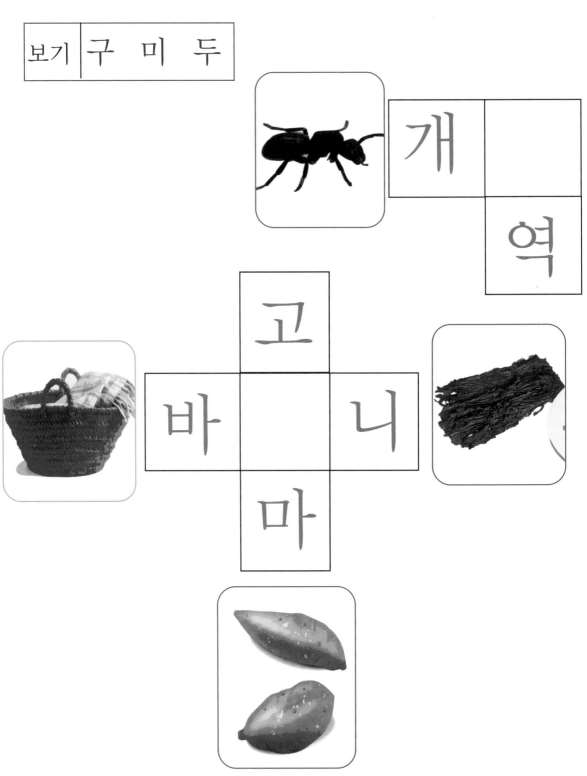

개

역

고

바

니

마

★ 서로 맞게 선으로 연결하고 알맞은 글자를 써 넣으세요.

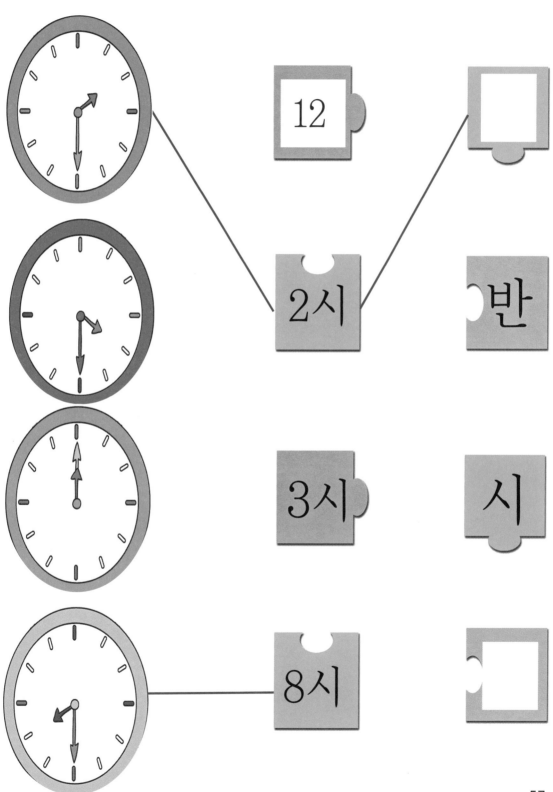

우리가 쓰는 것입니다

⭐ 같은 종류끼리 선으로 연결하세요.

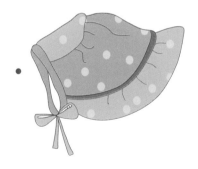

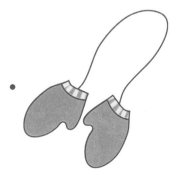

⭐ 같은 종류 끼리 선으로 연결하고 따라 쓰세요.

신 | 발
| |

장 | 갑
| |

택 | 시
| |

모 | 자
| |

★ 알맞은 그림끼리 선으로 연결하세요.

 ·   ·

 ·   ·

 ·   ·

★그림과 맞게 선으로 연결하고 예쁘게 따라 써 보세요.

　　·　　　　·

　　·　　　　·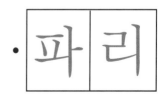

바람은 | 씽 | 씽 |

계곡 물은

| 콸 | 콸 | 콸 |

나무잎은

| 우 | 수 | 수 |

돌들은

| 데 | 굴 | 데 | 굴 |

엄마새는

| 굴 | 굴 | 굴 |

다람쥐는

| 바 | 스 | 락 |

시냇물은

| 졸 | 졸 | 졸 |

까마귀는

| 까 | 악 | 까 | 악 |

차들이 내는 소리입니다

차들은

빵	빵

오토바이는

부	릉	부	릉

자전거는

따	르	릉

호루라기는

호	르	륵

⭐ 알맞게 선으로 연결하고 빈칸에 따라 써 보세요.

오토바이가

부	릉	부	릉

자전거가

따	르	릉

자동차가

빵	빵

호루라기가

호	르	륵

★ ㅏ, ㅑ, ㅓ, ㅕ를 따라 쓰고 빈칸에 알맞은 글자를 써 넣으세요.

ㅏ	ㅏ	ㅏ	ㅏ	ㅏ	ㅏ
ㅑ	ㅑ	ㅑ	ㅑ	ㅑ	ㅑ

ㅓ	ㅓ	ㅓ	ㅓ	ㅓ	ㅓ
ㅕ	ㅕ	ㅕ	ㅕ	ㅕ	ㅕ

ㅁ + ㅏ = 아

ㄱ + ㅁ = 기

★ 그림과 맞게 연결하여 낱말을 만들어 보세요.

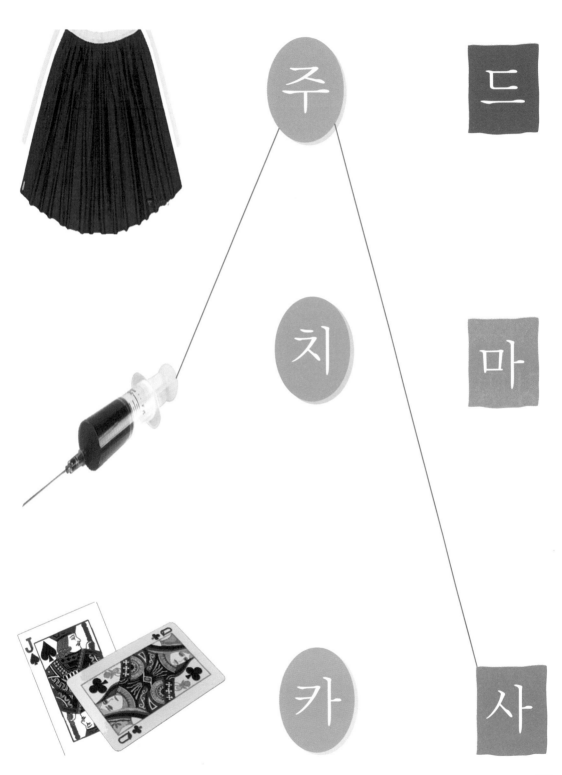

시골에서 들을 수 있는 소리입니다

⭐ 아래에 예쁘게 따라 써 보세요.

병아리는

참새는

멍멍이는

수탉은

★다음 글칸 안에 쓴 글을 따라 써 보세요.

오리는 | 꽥 | 꽥 |

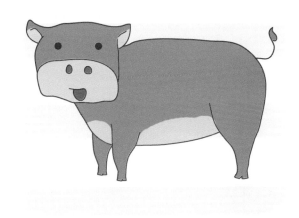

송아지는 | 음 | 매 | 애 |

병아리는

| 삐 | 약 | 삐 | 약 |

개구리는

| 개 | 굴 | 개 | 굴 |

✬ 알맞게 선으로 연결하고 빈칸에 따라 써 보세요.

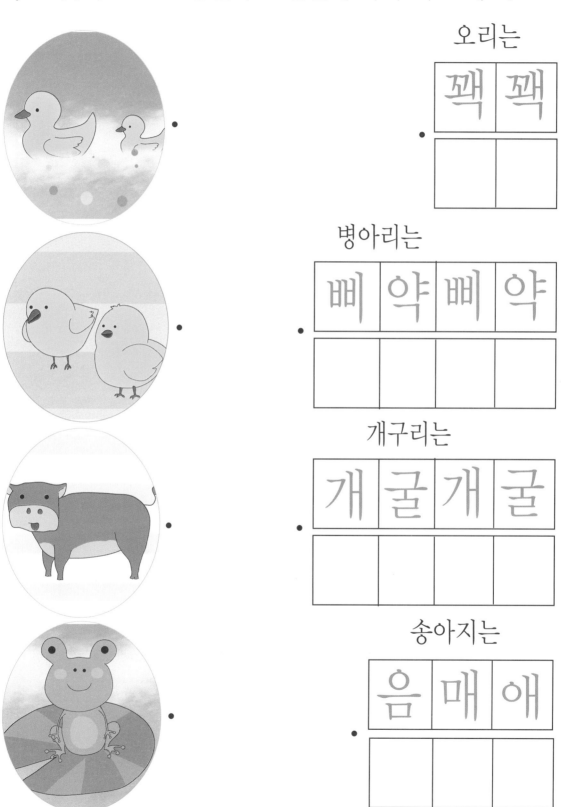

오리는

꽥	꽥

병아리는

삐	약	삐	약

개구리는

개	굴	개	굴

송아지는

음	매	애

그림과 맞게 연결하여 낱말을 만들어 보세요.

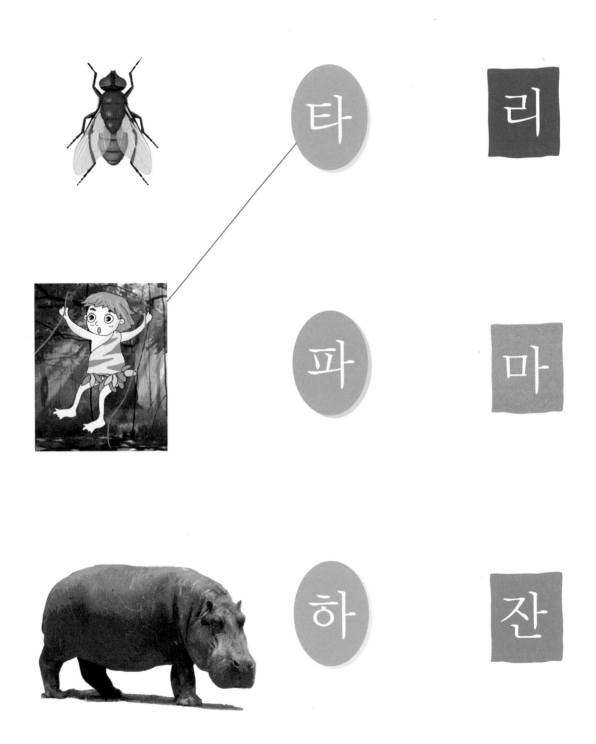

타   리

파   마

하   잔

☆아래 보기 속에서 알맞은 글자를 찾아 넣으세요.

보기	마	두	수

구	
더
지

독	
	박
리	

교실에서 나는 소리입니다

어린이는

와	글	와	글

장난꾸러기는

시	끌	시	끌

의자소리가

삐	걱	삐	걱

쉬는 시간에는

쿵	쾅	쿵	쾅

★ 알맞게 선으로 연결하고 빈칸에 따라 써 보세요.

장난꾸러기는

시	끌	시	끌

의자소리가

삐	걱	삐	걱

어린이는

와	글	와	글

쉬는 시간에는

쿵	쾅	쿵	쾅

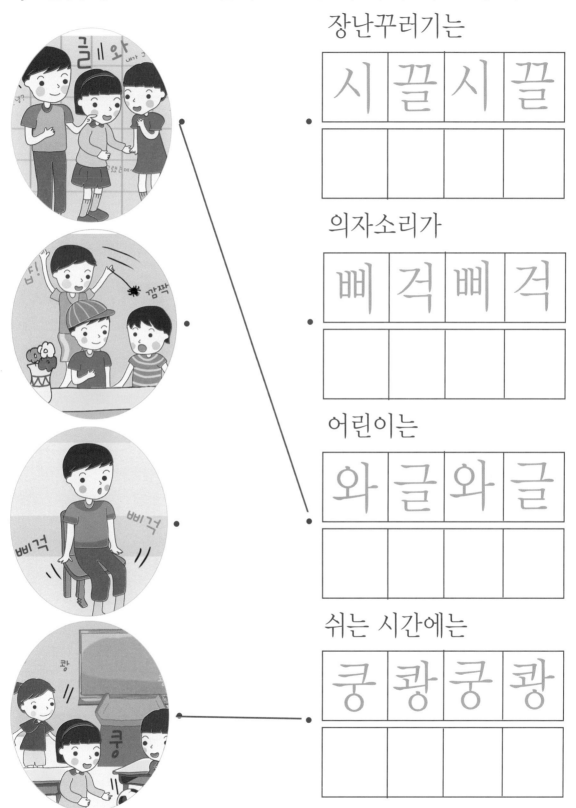

동물들이 걷는 모습입니다

⭐ 글칸 안에 쓴 글자를 따라 써 보세요.

호랑이는

어	슬	렁

곰은

슬	금	슬	금

기린은

성	큼	성	큼

코끼리는

뚜	벅	뚜	벅

족제비는

| 살 | 금 | 살 | 금 |

원숭이는

| 사 | 뿐 | 사 | 뿐 |

오리는

| 뒤 | 뚱 | 뒤 | 뚱 |

원앙새는

| 살 | 랑 | 살 | 랑 |

★ 알맞게 선으로 연결하고 빈칸에 따라 써 보세요.

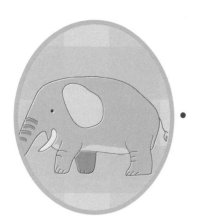

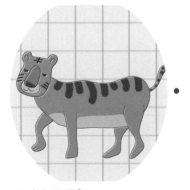

곰은

슬	금	슬	금

기린은

성	큼	성	큼

호랑이는

어	슬	렁

코끼리는

뚜	벅	뚜	벅

★ 알맞게 선으로 연결하고 빈칸에 따라 써 보세요.

오리는

뒤	뚱	뒤	뚱

족제비는

살	금	살	금

원숭이는

사	뿐	사	뿐

원앙새는

살	랑	살	랑

자연이 만든 모양입니다

⭐ 다음 글칸 안에 쓴 글을 따라 써 보세요.

태극기는

펄	럭	펄	럭

구름은

뭉	게	뭉	게

강가의 모래는

반	짝	반	짝

과수원의 사과는

주	렁	주	렁

⭐ 알맞게 선으로 연결하고 빈칸에 따라 써 보세요.

태극기는

펄	럭	펄	럭

구름은

뭉	게	뭉	게

강가의 모래는

반	짝	반	짝

과수원의 사과는

주	렁	주	렁

색깔을 알아봐요

⭐ 다음 글칸 안에 쓴 글을 따라 써 보세요.

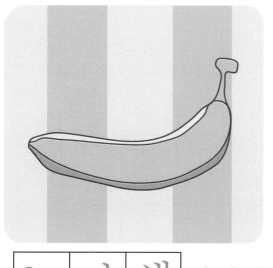

노 란 색 바나나

빨 간 색 고추

하 얀 색 승용차

검 은 색 기차

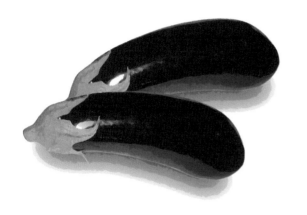

보라색 가지

주황색 감

초록색 수박

연두색 오이

물건을 셀 때 쓰는 말입니다

⭐ 다음은 어떻게 세는 지 알아 보세요.

버스가 | 두 | 대 |

친구가 | 두 | 명 |

개가 | 세 | 마 | 리 |

공이 | 네 | 개 |

연필이 네 자 루

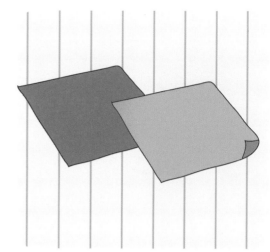

종이가 두 장

동화책이 세 권

신발이 네 켤 레

★ 알맞게 선으로 연결하고 빈칸에 따라 써 보세요.

・공이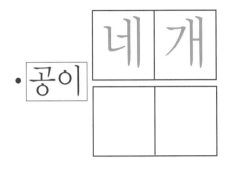

・개가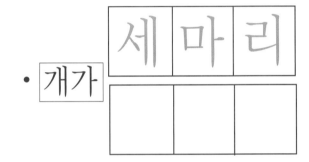

・친구가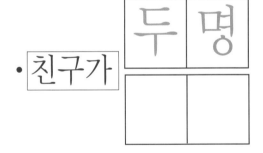

・버스가

⭐ 왼쪽 글자 대로 따라 써 보세요.

⭐ 빈칸에 알맞은 홑자를 써 넣어 글자를 만들어 보세요.

ㅇ + ㅗ = 오

ㄹ + ㅣ = 리

★ 맞은 것끼리 선으로 연결하고 빈칸에 따라 써 보세요.

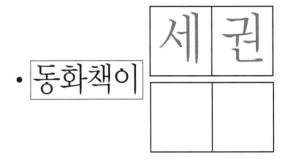

· 동화책이

세	권

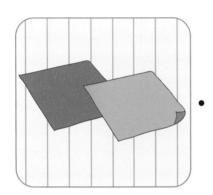

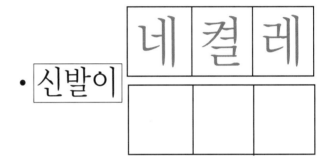

· 신발이

네	켤	레

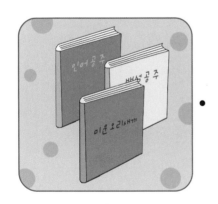

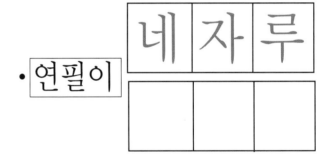

· 연필이

네	자	루

· 종이가

두	장

★ 낱자에 받침을 더하면 무슨 글자가 되는지 살펴 보세요.

 차 + ㅇ  창

 무 + ㄴ  문

 배 + ㅁ  뱀

⭐ 왼쪽 보기에서 알맞은 글자를 골라 빈칸에 써 넣으세요.

	미

제	

새	

	자

나 무

매

과

다 람

91

★ 알맞은 것끼리 선으로 연결하고 따라 써 보세요.

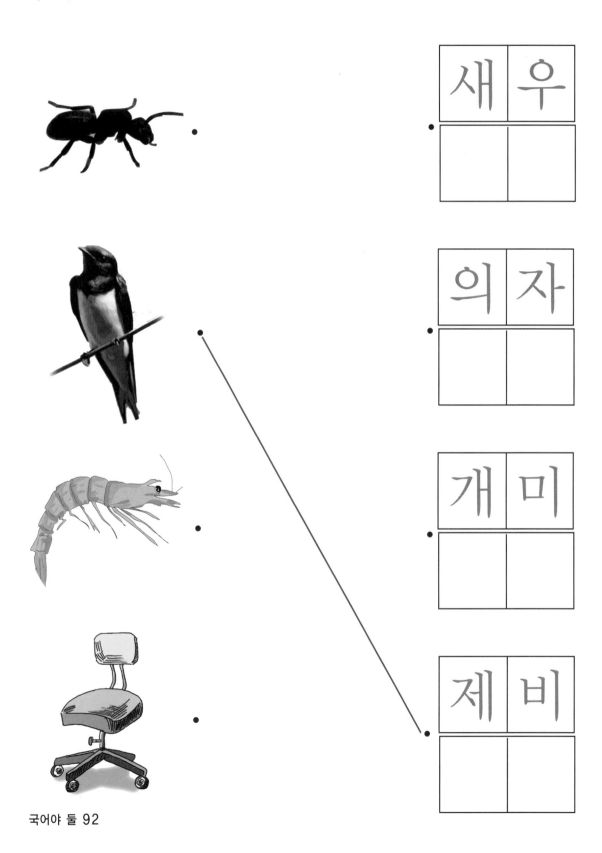

새	우

의	자

개	미

제	비

★ 알맞은 것끼리 선으로 연결하고 따라 써 보세요.

대	나	무

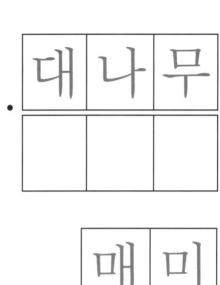

매	미

다	람	쥐

사	과

문장을 만들어 보세요

★ 빈칸에 들어갈 낱말입니다. 아래에 따라 써 보세요.

바람이 ☐☐
| 분 | 다 |

비가 ☐☐
| 온 | 다 |

참새가 ☐☐
| 운 | 다 |

꽃이 ☐☐☐
| 피 | 었 | 다 |

☆ 다음 빈칸에 들어갈 낱말을 예쁘게 따라 써 보세요.

• 바람이

분	다

• 비가

온	다

• 참새가

운	다

• 꽃이

피	었	다

☆ 빈칸에 들어갈 낱말입니다. 아래에 따라 써 보세요.

국어 ☐☐
시간 이다

아기가 ☐☐
잔 다

파도가 ☐☐
친 다

불이 ☐☐
났 다

⭐ 빈칸에 들어갈 낱말을 아래에 따라 써 보세요.

· 국어

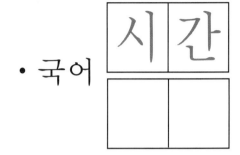
시 | 간

· 아기가

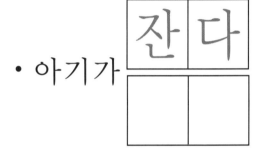
잔 | 다

· 파도가

친 | 다

· 불이

났 | 다

야! 입학이다

★ 다음은 새롬이가 학교 운동장에서 본 것들입니다. 이를 아래에 예쁘게 따라 써 보세요.

운	동	장

미	끄	럼	틀

⭐ 알맞은 글자를 빈칸에 따라 써 넣어 보세요.

그 네

계 단

학 교

화 단

⭐ 맞은 것끼리 선으로 연결하고 아래에 따라 써 보세요.

그	네

미	끄	럼	틀

계	단

운	동	장

★ 맞은 것끼리 선으로 연결하고 아래에 따라 써 보세요.

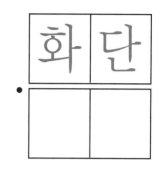

화	단

축	구	공

계	단

현	관

받침이 없는 낱말

⭐ 받침이 없는 낱말입니다.

거미

노루

두부

여우

모 자

바 지

주 스

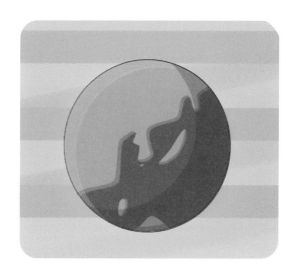

지 구

받침이 하나 있는 낱말

⭐ 받침이 하나 있는 낱말입니다.

감 자

국 수

김 치

늑 대

만두

염소

잔디

편지

받침이 두 개 있는 낱말

⭐ 받침이 두 개 있는 낱말입니다.

젊 다

닭

많 다

없 다

⭐ 이중모음으로 된 낱말입니다.

개미

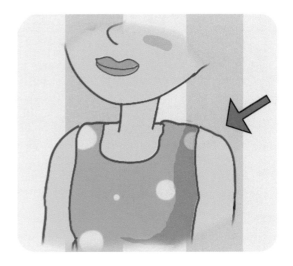

어깨

외등

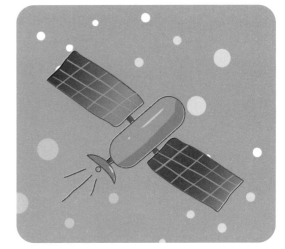

위성

107

⭐ 알맞게 선으로 연결하고 아래에 따라 써 보세요.

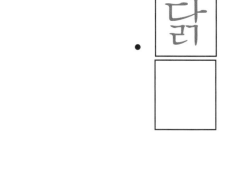

닭

없	다

많	다

젊	은

⭐ 알맞게 선으로 연결하고 아래에 따라 써 보세요.

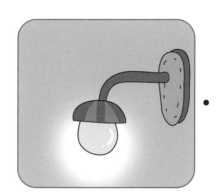

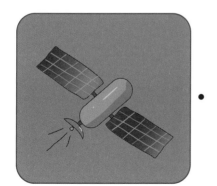

어	깨

개	미

외	등

위	성

★ ─, │를 따라 쓰고 아래에 알맞은 낱자를 써 넣으세요.

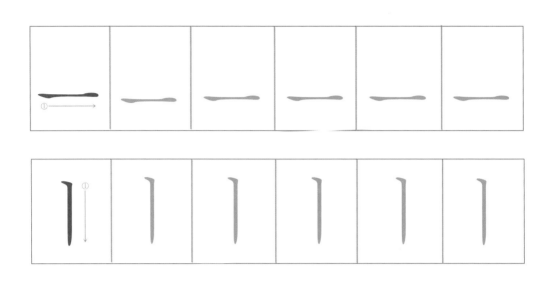

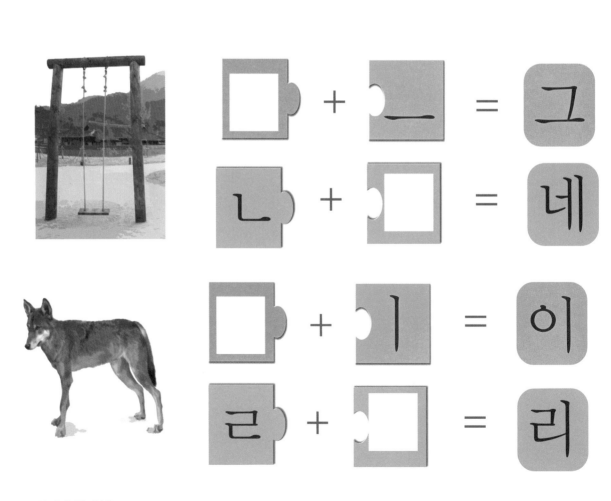

★ 그림과 맞게 연결하고 아래에 글자를 써 넣으세요.

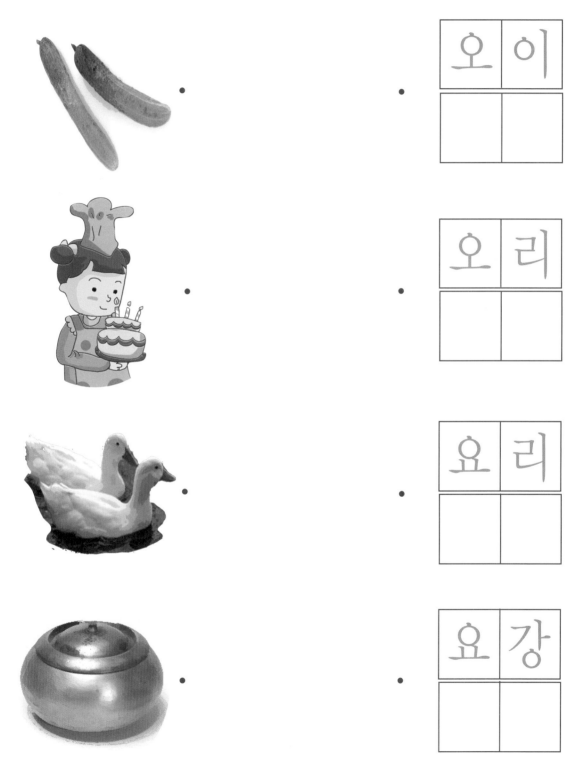

오	이

오	리

요	리

요	강

★ 아래 빈칸에 글씨를 예쁘게 따라 써 보세요.

새롬이가

사	탕	을		가	졌	습
사	탕	을		가	졌	습

새롬이가

수	박	을		먹	습	니
수	박	을		먹	습	니

곰이

피	아	노	를		칩	니
피	아	노	를		칩	니

모두가

즐	겁	게		놉	니	다	.
즐	겁	게		놉	니	다	

★ '자음자'와 '모음자'를 합하여 글자를 만들어 보세요.

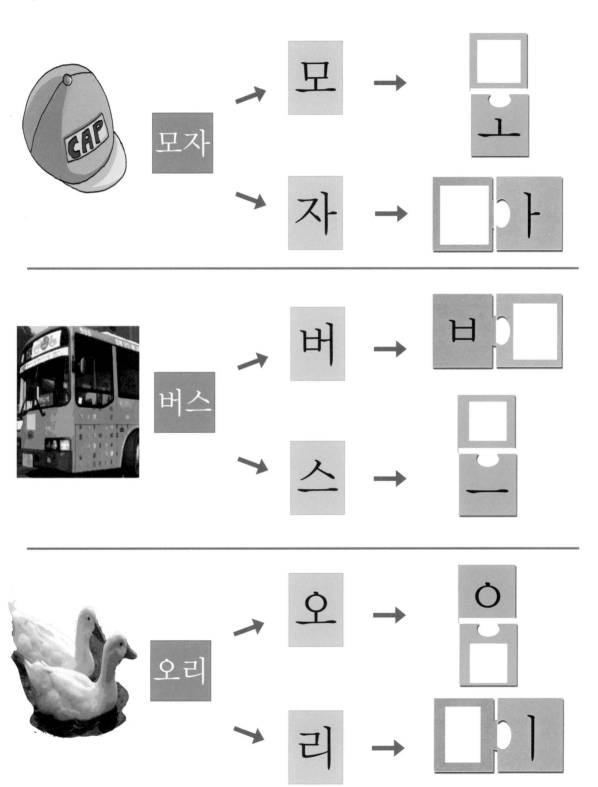

인사말 쓰기

⭐ 알맞은 인사말을 골라 보세요.

할아버지, 할머니 그동안 건강하셨어요?

선생님, 안녕하세요?

영이야, 안녕, 그동안 잘 있었니?

오래만에 할아버지,
할머니를 뵈었을 때.

★ 알맞은 인사말을 찾아 선으로 연결해 보세요.

학교 운동장에서 선생님을
만났을 때.

학교 운동장에서 며칠 못
보던 친구를 만났을 때.

학교 공부를 마치고 집으로
돌아갈 때.

선생님, 안녕하세요?

학교 운동장에서 선생님을 만났을 때.

선	생	님	,	안	녕	하
세	요	?				

그래, 내일 또 보자

공부를 마치고 집으로 돌아갈 때

그	래	,	내	일		또
보	자	.				

영희야, 안녕. 그 동안 잘 있었니?

학교 운동장에서 며칠 못 본 친구를 만났을 때

영	희	야	,		안	녕	.
그	동	안			잘		있

엄마가 맛있는 음식을 해 주실 때.

| 엄 | 마 | , | | 잘 | | 먹 | 겠 |
| 습 | 니 | 다 | . | | | | |

아침에 자고 나면 부모님께

| 아 | 빠 | , | | 엄 | 마 | | 안 |
| 녕 | 히 | | | 주 | 무 | 셨 | 어 |

고마운 마음을 나타낼 때.

| 고 | 맙 | 습 | 니 | 다 | . | | |
| | | | | | | | |

★ 알맞은 것끼리 선으로 연결해 보세요.

엄마가 맛있는 간식을 해 주셨을 때

• 　　　• 안녕하세요?

친구에게 좋은 일이 생겼을 때

• 　　　• 축하해.

길에서 선생님을 만났을 때

• 　　　• 안녕히 주무셨어요?

아침에 자고 나서 부모님께

• 　　　• 엄마, 잘 먹겠습니다.

고마운 마음을 나타낼 때

•   • 안녕,
내일 보자.

이웃집 어른을 만났을 때

•   • 다녀오겠습니다

밖에 나갈 때

•   • 고맙습니다

친구와 헤어질 때

•   • 안녕하세요?

글을 읽고 다음 쪽에 예쁘게 따라 써 보세요.

우리 가족

가족은요.

하는 일을 서로 도와주어요.

혼자하면 힘들지만

함께하면 기분 좋은 놀이가 되어요.

나는야 꼬마 도우미예요.

무엇이든 다 도울 거예요.

📝글을 읽고 다음 페이지에 예쁘게 따라 써 보세요.

밤길

김종상

어두운 밤길에서

넘어질까 봐,

달님이 따라오며

비추어 줘요.

밤길(중에서)-김종상

★ 문장을 예쁘게 따라 써 보세요.

우리 가족은요. 하는 일을 서로 도와줘요.

우	리		가	족	은	요	.		

하	는		일	을		서	로		도

혼자하면 힘들지만 함께하면 기분 좋은 놀이가

혼	자	하	면		힘	들	지	만	

함	께	하	면		기	분		좋	은

★ 문장을 예쁘게 따라 써 보세요.

어두운 밤길에서 넘어질까 봐,

어	두	운		밤	길	에	서	

넘어질까 봐,

달님이 따라오며

달님이 따라오며

비추어 줘요.

비추어 줘요.

혼자서 걸어가면 심심할까 봐.

혼	자	서		걸	어	가	면		

심심할까 봐.

개구리 개굴 개굴,

개구리 개굴 개굴,

노래해 줘요.

노래해 줘요.

국어야 놀자 둘

초판 1쇄 발행 2024년 12월 10일

글 Y&M 어학 연구소

펴낸이 서영희 | **펴낸곳** 와이 앤 엠

편집 임명아 | **책임교정** 하연정

본문인쇄 애드그린 | **제책** 세림 제책

제작 이윤식 | **마케팅** 강성태

주소 120-848 서울시 서대문구 홍은동 376-28

전화 (02)308-3891 | Fax (02)308-3892

E-mail yam3891@naver.com

등록 2007년 8월 29일 제312-2007-000040호

ISBN 979-11-978721-7-4 73700

본사는 출판물 윤리강령을 준수합니다.